LE

RÉGIME DU SABRE

EN ALGÉRIE

PARIS. — TYPOGRAPHIE HENNUYER ET FILS, RUE DU BOULEVARD, 7.

LE
RÉGIME DU SABRE

EN ALGÉRIE

EXTRAIT DE LA REVUE MILITAIRE FRANÇAISE

Paris, 11, rue Saint-Dominique.

PARIS

DENTU, ÉDITEUR,
GALERIE D'ORLÉANS (PALAIS-ROYAL).

CHALLAMEL, ÉDITEUR,
27, RUE DE BELLECHASSE,
ET 30, RUE DES BOULANGERS.

1869

LE
RÉGIME DU SABRE

EN ALGÉRIE

Il s'est fait depuis quelque temps une levée de boucliers contre le militarisme. On remet en question le système des armées permanentes; on réédite les anciennes malédictions des philanthropes contre le fléau de la guerre, et l'on exhume les rêves généreux de l'abbé de Saint-Pierre. Ces théories ont un côté séduisant. Quelle plus belle perspective à offrir aux esprits que l'union de tous les peuples en une seule famille? Ce serait l'âge d'or, et l'on conçoit qu'à toutes les époques cet idéal enchanteur ait séduit les imaginations qui se plaisent dans les régions spéculatives. Mais il y a loin, bien loin du rêve à la réalité. En attendant que l'état de nos mœurs comporte l'inauguration de la paix universelle, il faut bien s'incliner devant les nécessités de l'heure présente.

Quoi qu'il en soit, les philosophes qui professent la pure doctrine du désarmement général ont fourni, sans le vouloir, à la passion politique un thème très-commode et merveilleusement propre aux développements oratoires. Les armées permanentes sont ainsi devenues le point de mire des agressions les plus vives dans toutes les discussions où le budget de la guerre est en jeu. Les adversaires du militarisme se sont naturellement déclarés contre les institutions où la puissance militaire remplit le rôle principal, et c'est ainsi que d'un commun accord ils ont résolu de combattre à outrance le gouvernement actuel de l'Algérie.

Au fond, dans les attaques dont ce gouvernement est l'objet, il n'y a pas seulement une hostilité systématique contre l'armée, il y a encore un moyen d'opposition mis en œuvre contre le gouvernement métropolitain lui-même. Cela est évident pour quiconque veut être de bonne foi. Comment, d'ailleurs, expliquer d'une autre manière l'acharnement de cette lutte, lorsqu'on s'est livré à l'examen consciencieux de la question algérienne et à l'étude impartiale du régime si outrageusement décrié?

Parmi les critiques auxquelles l'organisation politique et administrative de notre colonie africaine est en butte, il en est une qui a la prétention de résumer tous les griefs. On dit : L'Algérie est placée sous le régime du sabre. C'est la formule consacrée par l'opposition; elle a été habilement conçue : par sa concision même elle se fixe aisément dans la mémoire et, de plus, elle a l'avantage de frapper vivement l'imagination. Sûrs de l'effet qu'elle devait produire, ses inventeurs et leurs amis l'ont répétée à satiété, afin que des échos complaisants vinssent en aide à leur active propagande. Ils ne se sont point trompés dans leurs calculs, et ils ont rencontré en effet pour auxiliaire cette partie nombreuse du public qui, n'ayant pas sous la main des moyens de contrôle, se souciant médiocrement de s'en procurer, se laisse infailliblement prendre à l'appât des mots.

Or, à quelle idée répond pour tout le monde cette formule effrayante: *le régime du sabre?* Quiconque l'entend prononcer se figure aussitôt un état de choses plein de menaces et de dangers, une dictature absolue disposant, selon son caprice, des personnes et des choses, une compression violente contre laquelle on chercherait en vain à se défendre, un régime enfin dont les rigueurs s'exercent sans obstacle, où la population est privée de toutes les garanties de la loi.

Telle est inévitablement la sombre image sous laquelle on se représente une nation soumise à l'omnipotence militaire. La raison corrige parfois d'elle-même ces écarts d'imagination, mais il reste pourtant assez de doutes dans les esprits pour qu'il ne soit pas inutile de les combattre, en opposant à d'absurdes fictions d'incontestables réalités. Voyons donc quel est ce mécanisme gouvernemental si complétement défiguré par ses détracteurs, et recherchons si, dans les conditions où il s'exerce, le pouvoir mérite tous les reproches dont on l'accable.

C'est aux textes mêmes qui l'ont établi que nous voulons demander les renseignements propres à nous éclairer sur ce point capital.

Il faut ne pas oublier qu'il s'agissait d'un pays conquis et que le gouvernement devait nécessairement y être constitué de manière à répondre à la diversité des éléments sociaux. Or quels étaient ces éléments? Une population européenne encore peu considérable, puisqu'elle ne comptait pas plus de 200 000 habitants, dont 80 000 d'origine étrangère, puis une population indigène infiniment plus nombreuse, s'élevant à 2 500 000 âmes. Le rapprochement de ces chiffres fait aussitôt comprendre que, pour mettre notre domination à l'abri de toute atteinte, il fallait constituer très-fortement le pouvoir. Pourrait-il en être autrement lorsque, à la suite d'une longue guerre, vainqueurs et vaincus sont appelés à vivre côte à côte? Mais, tout en donnant au gouvernement de la colonie des prérogatives en rapport avec l'étendue de sa responsabilité, il était également essentiel de créer à la population européenne la situation la plus favorable possible en lui assurant, avec un régime fondé sur la loi, des garanties d'équité et de liberté suffisantes pour que les citoyens se sentissent complétement protégés dans leur existence et dans leurs intérêts. Le problème était difficile à résoudre. Nous allons voir si l'organisation qui a prévalu n'était pas, pour l'époque, la meilleure des solutions, c'est-à-dire si les institutions algériennes, en mettant la sécurité générale à l'abri de toutes les atteintes, n'ont pas ménagé une part déjà très-grande à la liberté. Cette étude ne paraîtra peut-être point dépourvue d'utilité, puisqu'en ce moment une commission est chargée de déterminer les bases sur lesquelles doit reposer la constitution définitive de notre colonie africaine.

Organisation générale.

Le gouvernement et la haute administration de l'Algérie sont conférés à un gouverneur général. Ce gouvernement rend compte directement à l'Empereur de la situation politique et administrative du pays. Ses pouvoirs sont réglés par deux décrets, l'un du 10 décembre 1860, l'autre du 7 juillet 1864.

La justice, l'instruction publique et les cultes rentrent directement dans les attributions des départements ministériels auxquels ils ressortissent en France.

Le gouverneur général est assisté d'un conseil de gouvernement, corps consultatif appelé à délibérer sur les questions les plus importantes intéressant le domaine, la colonisation, l'administration, le commerce, les finances, etc. Les attributions de ce conseil sont fort étendues et définies par un décret. Le gouverneur général peut d'ailleurs soumettre à son examen toutes les questions qu'il juge de nature à être élucidées par des débats contradictoires.

L'élément civil domine dans la composition du conseil de gouvernement. On y voit figurer le secrétaire général du gouvernement, le procureur général près la Cour impériale, l'inspecteur général des travaux civils, l'inspecteur général des finances, trois conseillers rapporteurs et un secrétaire.

Une autre assemblée, qui prend le titre de *conseil supérieur*, a pour mission de délibérer sur le budget général de l'Algérie, dont les bases sont provisoirement arrêtées par le gouverneur général. Dans ce conseil sont appelés à siéger, indépendamment des membres du conseil de gouvernement, les généraux commandant les provinces, le premier président de la Cour impériale, l'archevêque d'Alger, les préfets, les évêques, le commandant de la marine, le recteur de l'académie et deux membres de chacun des conseils généraux d'Alger, d'Oran et de Constantine, élus par leurs collègues. Sur les vingt-huit personnes qui composent le conseil supérieur, sept appartiennent à l'armée et vingt et une à l'ordre civil.

L'institution de ces deux corps délibérants est déjà une garantie sérieuse, puisqu'elle a pour but de soumettre à un examen, à un contrôle, à l'épreuve d'une discussion les intérêts les plus considérables de la colonie. Leur rôle est seulement consultatif, il est vrai, mais il n'en est pas moins des plus efficaces, l'avis exprimé sur chaque question ayant toujours un grand poids et déterminant le plus souvent les décisions qui interviennent. Il y a donc là un premier frein, un tempérament sage apporté à l'unité de direction. Mais on va voir comment, si la réunion de grands pouvoirs est virtuellement concentrée dans la même main, cette concentration se détend et se divise, afin de donner plus d'élasticité à l'administration dans les provinces et dans les communes.

L'Algérie se compose de trois provinces, celles d'Alger, d'Oran et de Constantine. Chacune d'elles est partagée en deux zones, le territoire civil et le territoire militaire. Le territoire civil forme un département. Il est administré par un préfet. Le département lui-même se subdivise en arrondissements et en districts, administrés les uns par des sous-préfets, les autres par des commissaires civils. Le commissaire civil a les mêmes attributions que le sous-préfet, mais de plus il remplit les fonctions de maire dans son chef-lieu, et même celles de juge de paix lorsqu'il n'existe pas de prétoire dans la localité. Hâtons-nous de le dire, d'ailleurs, ce cumul est tout à fait exceptionnel; l'institution des commissariats civils a un caractère transitoire; elle disparaîtra des districts où elle fonctionne lorsqu'il sera possible d'y nommer des maires et d'y établir des justices de paix. Le nombre des commissariats a déjà été considérablement réduit. Ceux qui subsistent ont leur siége dans des localités où la population indigène et la population européenne se trouvent mêlées dans des proportions fort inégales, la première étant beaucoup plus considérable que la seconde. Les deux races ont des intérêts distincts, parfois opposés, mais toutes deux ont les mêmes droits à la protection de l'autorité. Si, dès le début de la colonisation, l'administration avait été confiée à des maires, on aurait pu craindre que ces magistrats ne se sentissent plus favorablement disposés envers leurs administrés européens qu'envers leurs administrés indigènes. Quoi qu'il en soit, nous le répétons, l'institution des commissariats civils a toujours eu un caractère essentiellement transitoire.

Les attributions des préfets et des sous-préfets sont les mêmes que celles de leurs collègues de France. Toutefois, même en territoire civil, l'administration relève directement du général de division commandant la province. Les préfets se trouvent ainsi placés sous l'autorité d'un chef militaire. On a voulu par là réaliser l'unité de vue et d'action dans les deux territoires. Telle mesure prise par un préfet à l'égard des indigènes de son département peut exercer sur les indigènes de la circonscription militaire une influence qu'il appartient au commandant d'apprécier; de là, la nécessité d'un accord préalable. Au surplus, les préfets correspondent toujours directement avec le gouverneur général, et l'intervention de l'autorité militaire dans les actes administratifs se réduit, le plus souvent, à la simple formalité d'un visa. Enfin le gouverneur général peut déléguer, et il a délégué en effet une grande partie de ses pouvoirs aux commandants des provinces, et ceux-ci, à leur tour, en ont investi les préfets, en étendant même l'action de ces fonctionnaires à la population européenne des deux territoires.

Cette organisation spéciale, appropriée à la situation du pays, en assurant la prédominance de l'autorité militaire, réduit-elle les préfets à un rôle tout à fait secondaire? ne laisse-t-elle qu'un champ restreint ouvert à leur initiative et à leur influence? Pas le moins du monde. Leurs fonctions s'exercent dans leur plénitude, sans rencontrer d'obstacle, et les rapports de l'administration préfectorale avec l'autorité militaire n'amènent aucun de ces conflits qui accuseraient de fâcheuses rivalités, ou au moins un défaut d'entente dont le public serait le premier à ressentir les regrettables effets.

Il y a dans chaque département un conseil de préfecture organisé comme ceux de la métropole, remplissant le même rôle et dont les audiences sont publiques. Leur juridiction ne s'arrête point à la limite du département, elle comprend la province tout entière, c'est-à-dire qu'elle s'étend au territoire militaire lui-même.

Enfin un conseil général, commun aux deux territoires, représente chacune des trois provinces. Il discute le budget provincial, il contrôle la gestion des finances, il délibère sur une foule de questions déterminées par le décret du 27 octobre 1858 ; il a le droit d'adresser, par l'intermédiaire de son président, au gouverneur général toutes les réclamations qu'il croit devoir présenter dans l'intérêt spécial de la province. Il peut aussi, par la même voie, exprimer son opinion sur l'état et les besoins des différents services publics concourant à l'administration provinciale. Les membres des conseils généraux sont nommés par un décret de l'Empereur.

Le territoire militaire est administré par des officiers. A la tête de chaque province il y a un général de division. Ce commandant supérieur a sous ses ordres des généraux de brigade, des colonels, des commandants, des capitaines dirigeant des subdivisions ou des cercles. Le véritable rôle de ces officiers vis-à-vis des populations est celui d'administrateurs, et afin qu'ils puissent s'y consacrer d'une manière exclusive, lorsqu'ils appartiennent à des corps de troupes, ils sont ou provisoirement détachés de ces corps par ordre du ministre de la guerre, ou placés hors cadre. Les bureaux arabes, dont nous exposerons en détail le mécanisme et le rôle, constituent le principal instrument de l'administration militaire dans sa circonscription spéciale.

Telle est, dans son ensemble, l'organisation politique et administrative de l'Algérie. Nous avons à montrer maintenant de quelle manière est constituée l'administration municipale. Mais, avant d'aborder ce sujet, il importe de consigner ici une observation essentielle.

Les rapports de l'autorité avec la population ne sont point abandonnés à la discrétion d'un pouvoir sans limite et sans frein. La loi française protége partout l'Européen. Nos différents Codes, civil, pénal, d'instruction criminelle, de procédure, de commerce sont, *de plano*, exécutoires en Algérie en ce qui concerne les Français et les étrangers. De plus, des

décrets spéciaux rendent applicables à la colonie, à mesure
que les circonstances le permettent, les lois, les décrets, les
règlements qui régissent les diverses branches de l'administration dans la métropole. Les préfets en territoire civil, les
généraux en territoire militaire obéissent à la loi ; ils ont pour
mission de la faire respecter en la respectant eux-mêmes.

Voilà pourtant ce qu'on appelle le *régime du sabre*. On doit
comprendre déjà ce que vaut cette formule. On le compren-
dra mieux encore lorsque nous aurons exposé l'organisation
du régime municipal, cette première base de toute société
politique.

Organisation de l'administration municipale.

L'Algérie est partagée, comme nous l'avons dit, en deux
zones, comprenant : l'une, le territoire civil administré par
des préfets ; l'autre, le territoire militaire administré par des
généraux de division. La première de ces circonscriptions embrasse tous les centres où la colonisation a créé des groupes
européens de quelque importance ; la seconde englobe les
vastes espaces occupés par les tribus indigènes. On conçoit
que l'administration municipale ne soit point organisée dans
l'une et dans l'autre de la même manière, et qu'elle présente
même des différences considérables.

Tout le territoire civil est aujourd'hui constitué en communes de plein exercice, c'est-à-dire que là les institutions
municipales, absolument semblables à celles de la métropole, fonctionnent avec une complète régularité. On compte
32 communes dans le département d'Alger, 26 dans celui
d'Oran, 36 dans celui de Constantine. Leur population totale
est de 496 000 habitants, dont environ 250 000 musulmans,
33 000 israélites indigènes, 214 000 Européens ; et dans ce
dernier chiffre les Français figurent pour 119 300 et les
étrangers pour 94 700.

Un décret du 27 décembre 1866 a rendu les conseils municipaux électifs, et les électeurs ont été appelés à faire

usage de leurs droits pour la première fois dans le courant de l'année 1867.

Dans chaque conseil, l'élément français entre pour les deux tiers, les musulmans et les israélites indigènes pour un tiers.

Le droit de suffrage appartient à tout citoyen français ou naturalisé français remplissant les conditions suivantes : vingt et un ans d'âge; un an de domicile dans la commune; inscription au rôle des impositions ou taxes communales. Les indigènes doivent être âgés de vingt-cinq ans et justifier d'un an de domicile. Les étrangers sont soumis aux mêmes obligations. La loi exige, de plus, qu'ils aient trois ans de résidence en Algérie. Elle veut en outre que les indigènes et les étrangers, pour être inscrits sur la liste électorale, se trouvent dans l'une des conditions suivantes : être propriétaire foncier, ou fermier d'une propriété rurale; être soumis à l'impôt des patentes; être employé de l'État, du département ou de la commune; être membre de la Légion d'honneur, décoré de la médaille militaire, d'une médaille d'honneur ou d'une médaille commémorative donnée ou autorisée par le gouvernement français; être titulaire d'une pension de retraite.

Le droit d'éligibilité est acquis, à partir de vingt-cinq ans, à tous les citoyens français ou naturalisés, et à tous les indigènes et étrangers domiciliés depuis trois ans au moins dans la commune et inscrits sur la liste communale.

Les conseils municipaux sont élus pour sept ans.

Le maire et les adjoints sont nommés par l'Empereur dans les chefs-lieux de département et d'arrondissement; dans les autres communes, ils sont nommés par le préfet.

Quant aux attributions des maires et des conseils municipaux, elles ont été réglées par le titre II de l'ordonnance du 28 septembre 1847, calquée sur la loi du 18 juillet 1837 en tout ce qu'elle pouvait avoir d'applicable à l'Algérie. On est même allé plus loin : on a rendu exécutoire dans la colonie les principales dispositions de la loi du 24 juillet 1867.

Ainsi l'on peut dire qu'en Algérie, pour le territoire civil, l'administration municipale est l'image exacte de l'administration municipale en France.

Voyons maintenant de quelle manière elle est constituée en territoire militaire.

Un arrêté du gouverneur général, en date du 20 mai 1868, a décidé que le territoire de chaque subdivision serait partagé en communes mixtes et en communes subdivisionnaires. Cet arrêté a reçu son exécution. Il existe aujourd'hui dix-sept communes mixtes et quinze communes subdivisionnaires. C'est une innovation dont les effets seront très-puissants et amèneront un changement radical dans l'état social des populations musulmanes.

On a érigé en communes mixtes les centres où se trouvent réunis des indigènes et des Européens, et on leur a donné une organisation qui se rapproche le plus possible de celle des municipalités de plein exercice. Là, en effet, où l'influence de notre civilisation a déjà tant soit peu pénétré, on trouvait les éléments les plus indispensables pour la constitution d'une commune, c'est-à-dire un groupe d'habitants à demeure fixe, ayant entre eux des relations suivies, formant un noyau social, unis par des intérêts communs et disposant de ressources suffisantes pour subvenir aux besoins les plus urgents de la communauté. Partout où l'on a reconnu un commencement de colonisation, si faible qu'il fût, partout où le contact de l'indigène avec l'Européen avait amené quelque cohésion, la commune mixte a été créée. L'application de ce système a été poussée à ses extrêmes limites. C'est ainsi que l'on a érigé en communes mixtes Bouçada, qui ne renferme que 68 Européens ; Daya, qui n'en compte que 56, et Sebdou, qui n'en possède que 23 !

La commune mixte a pour maire le commandant du cercle ou le chef de l'annexe ; elle est pourvue d'une commission municipale qui se compose, savoir : du commandant du cercle ou du chef d'annexe, du commandant de place, du juge de paix, des adjoints civils du chef-lieu et des sections de la commune, de cinq membres choisis parmi les habitants de la circonscription communale, remplissant les conditions déterminées par le décret du 27 décembre 1866. Leur nomination est réservée au général commandant la province. On voit que l'élément civil se trouve très-largement représenté. Les attributions des commissions sont celles d'un conseil municipal.

La formation des communes subdivisionnaires présentait des difficultés très-grandes. On s'en fera une idée si l'on songe que les vastes territoires auxquels il s'agissait d'assurer une existence administrative sont exclusivement peuplés d'indigènes constitués en tribus. On avait affaire à des populations régies par des institutions sur lesquelles une série de siècles a passé sans les transformer. Évidemment, dans de telles conditions, on ne pouvait songer à substituer au régime ancien un régime entièrement nouveau, qui eût porté un trouble profond dans les mœurs et dans les usages. Une pareille révolution aurait soulevé des oppositions nombreuses, provoqué des résistances violentes et retardé pour longtemps, sinon rendu tout à fait impossible, la réforme à accomplir. On a donné la preuve d'une grande sagesse en procédant par des innovations dont l'effet ne se fît point trop sentir et qui fussent de nature à ménager, en la rendant certaine, la transition de l'ordre ancien à l'ordre nouveau.

Les circonscriptions militaires ont servi à déterminer le périmètre de la commune subdivisionnaire, qui a englobé ainsi un certain nombre de tribus relevant déjà du même commandement. La commune a reçu pour administrateur le commandant de la subdivision, auprès duquel il a été institué un conseil composé de membres de droit et de notables indigènes, dont la nomination est réservée au gouverneur général.

Lorsque dans la commune subdivisionnaire il existait des tribus qui ont été divisées en douars, en exécution du décret du 23 avril 1863, on a tiré parti de cette circonstance pour former de ces douars autant de sections et pour leur assurer, dans de certaines limites, une existence propre au sein même de la commune à laquelle ils se rattachent. C'est ainsi que chacun d'eux est devenu un douar-commune, ayant sa djemâa particulière, un compte spécial ouvert au budget de la commune subdivisionnaire et des ressources dont l'emploi ne peut être fait qu'à son profit. Chaque douar est ainsi devenu l'embryon qui donnera naissance plus tard à la commune proprement dite.

Est-il besoin de faire ressortir la pensée dominante qui a présidé à la création des communes mixtes et des communes subdivisionnaires, les unes se rapprochant autant que possible de l'organisation des municipalités de plein exercice, les autres préparant cette organisation et assurant prudemment la transformation de l'état social indigène par la désagrégation des tribus ? On voit clairement que la voie ouverte doit faire pénétrer notre civilisation au milieu de la population saharienne, et qu'ainsi la conquête morale va suivre la conquête matérielle.

En résumé, aujourd'hui tous les centres européens qui ont acquis une certaine importance appartiennent au territoire civil et sont en possession d'institutions municipales absolument semblables à celles des communes françaises. On n'a laissé dans le territoire militaire que les établissements européens créés par ce petit nombre d'immigrants qui viennent se grouper autour de nos postes isolés, et dont l'industrie est alimentée par les besoins de l'armée. Sur une population de 217 990 habitants d'origine européenne, 214 120 sont fixés sur le territoire civil et jouissent de la plénitude du régime municipal ; 3 870 seulement restent en territoire militaire et sont compris dans les communes mixtes, dont l'administration ne diffère de celle des communes de plein exercice que par la non-application du principe électif. Enfin, ailleurs, c'est-à-dire dans les tribus indigènes, une politique sagement progressive prépare et assure la transformation qui doit étendre à l'Algérie entière les garanties et les bienfaits d'une administration homogène soumise à toutes les règles du droit commun.

Voilà l'immense tâche à laquelle le gouvernement général s'est voué, et qu'il poursuit avec une résolution et une persévérance vraiment dignes d'éloges. Si l'on trouve la marche trop lente, c'est que l'on ne connaît pas ou que l'on ne veut pas reconnaître les obstacles à vaincre, les précautions nécessaires à prendre pour ne point compromettre le succès.

Certes, il vaut mieux s'avancer avec prudence et n'être point obligé de revenir sur ses pas plutôt que de se laisser emporter par une ardeur aveugle ou gagner par une impatience dangereuse. Qu'on veuille bien se rendre compte des résultats acquis, et que l'on nous dise s'ils ne constituent qu'un gage de médiocre valeur donné à l'avenir. Les actes accomplis sont des titres incontestables, non-seulement à la confiance, mais à la gratitude du pays. Le but vers lequel on s'est dirigé ne se révèle-t-il pas à tout le monde ? Est-il possible de nier les idées généreuses dont le gouvernement s'est inspiré ? Est-ce que tous ses efforts n'ont pas tendu constamment au développement du progrès dans la colonie par la satisfaction des vœux légitimes de la population européenne et par l'assimilation de la race indigène ? Ces institutions municipales établies sur des bases si larges et si libérales, cette entreprise hardie qui va faire passer des tribus de l'état barbare à l'état civilisé, quelle réponse aux inventeurs de la formule *le régime du sabre !* Mais l'opposition l'avait inscrite sur son drapeau et elle l'a maintenue, car rien ne la désarme, et il est dans sa nature de devenir plus vive et plus injuste à mesure que les griefs sérieux lui font davantage défaut.

Bureaux arabes.

Nous voici maintenant en présence d'une institution qui a été l'objet des critiques les plus ardentes et des attaques les plus passionnées. Quel mal n'a-t-on pas dit des bureaux arabes ? quelles odieuses accusations la calomnie n'a-t-elle point lancées contre eux ? D'où leur vient tant de haine ? Nous le dirons, mais il importe avant tout de faire connaître le rôle qu'ils remplissent et les nécessités auxquelles ils répondent. Nous verrons ensuite s'il serait sage et possible de les supprimer dans l'intérêt du développement de la colonisation.

Les bureaux arabes sont les auxiliaires des officiers supérieurs entre lesquels se partage l'administration des terri-

toires militaires. Chaque bureau est dirigé par un chef
ayant sous ses ordres deux officiers qui prennent le titre
d'adjoints. Il y a, en outre, un secrétaire, un interprète, puis
des agents inférieurs qui pourvoient aux nécessités maté-
rielles du service. Ces bureaux n'ont point, comme on l'a
prétendu, une autorité propre et des pouvoirs distincts.
Ils fonctionnent indépendamment les uns des autres, chacun
dans sa sphère particulière et sans entretenir de relations
entre eux. Ce n'est donc point, comme on s'est efforcé de
le faire croire, un gouvernement dans le gouvernement.
Leur service est réglé par une instruction du gouverneur
général, en date du 21 mars 1867, et il n'y a qu'à consulter
ce document pour voir combien la réalité reste loin des exa-
gérations qui ont été propagées.

Instrument placé sous la main des commandants militaires, les bureaux arabes obéissent à la direction qu'ils re-
çoivent du commandement, mais ils ne peuvent prendre eux-
mêmes aucune décision. C'est par leur intermédiaire que se
poursuit l'instruction des affaires et que les ordres venus d'en
haut s'exécutent. Ils facilitent les relations réciproques de
l'administration militaire avec les tribus indigènes, et pré-
parent les éléments qui doivent servir à éclairer les décisions
des commandants.

Le bureau arabe a encore pour mission de signaler tous
les faits importants qui peuvent se produire dans les tribus,
d'exercer une surveillance active sur l'administration des
chefs indigènes, de rendre compte de l'état des esprits et de
fournir tous les renseignements de nature à éclairer l'autorité supérieure sur la situation morale et matérielle du pays.
Enfin il lui appartient de contrôler l'assiette et la perception
de l'impôt arabe.

En résumé, les intérêts multiples qu'embrasse l'administration des territoires militaires rentrent dans la compétence
des bureaux arabes, mais les officiers qui sont placés à la
tête de ces bureaux dépendent entièrement du commandant
militaire, et ils sont sous ses ordres dans des conditions ana-
logues à celles des officiers d'état-major général par rapport

aux commandants des corps d'armée et de division. La correspondance des chefs indigènes est adressée directement au commandant militaire et ne passe point par le bureau arabe. En un mot, les attributions des bureaux arabes sont fort étendues, mais leur autorité est excessivement restreinte, pour ne point dire absolument nulle.

La nature même de ces attributions réclame un personnel spécial, qui connaisse la langue des indigènes et qui soit bien familiarisé avec leurs usages et leurs mœurs. Aussi les titulaires des bureaux sont-ils choisis parmi les officiers qui comprennent et parlent l'arabe, et qu'un séjour prolongé dans le pays a suffisamment initiés à la manière de vivre des populations, à leurs instincts, à leurs idées, à leurs intérêts, à leur organisation sociale. Pour assurer le recrutement du personnel, il y a dans chaque bureau des officiers stagiaires dont l'éducation se fait dans les meilleures conditions possibles, puisqu'ils sont toujours en contact avec les indigènes, et qu'en suivant de près le mouvement des affaires ils se mettent au courant de tous les détails de l'administration.

L'aptitude et les connaissances spéciales ne sont point les seules garanties exigées des chefs de bureau. L'attention la plus scrupuleuse préside à tous les choix, et l'honorable maréchal de Mac-Mahon, qui fait preuve à cet égard d'une extrême sévérité, repousse impitoyablement tout candidat qui ne réunirait pas les meilleurs titres à sa confiance. L'armée fournit ainsi aux bureaux arabes des officiers d'élite. Un illustre ministre de la guerre, le maréchal Niel, dont la tombe est à peine fermée, le disait, il y a quelques mois, au Corps législatif.

C'est qu'il faut, en effet, des qualités bien rares pour satisfaire à toutes les obligations de ce rude service. L'intelligence et le savoir ne suffisent pas ; il faut y joindre un tact parfait, une énergie à toute épreuve, un dévouement absolu.

Les bureaux arabes fonctionnent en pleine tribu, souvent fort loin des centres de colonisation, dans une région où l'on trouve à peine les ressources ordinaires qui sont de première nécessité pour les Européens. L'officier ne saurait espérer continuer là le genre de vie auquel il a été habitué en France ;

il doit faire le sacrifice de ses goûts pour s'accommoder à un mode d'existence entièrement nouveau. Isolé du monde civilisé, il n'a aucune distraction à espérer, aucune jouissance de l'esprit à attendre. Dans ce milieu social, qui n'offre guère encore que l'affligeant spectacle de la barbarie, on a besoin d'être constamment soutenu par le sentiment du devoir à remplir et par la conscience de la grandeur de l'œuvre à réaliser. Conquérir les populations musulmanes à la civilisation moderne, faire pénétrer le génie de la France dans les contrées soumises par ses armes, voilà quel a toujours été, depuis la conquête, la mission de l'armée, et ce sont les bureaux arabes qui l'ont secondée avec le plus de vaillance dans cette entreprise pleine de tant de difficultés.

La foi dans le succès a enfanté des prodiges. Qu'on interroge les résultats obtenus. Le territoire civil sur lequel se développe aujourd'hui la colonisation, qui le lui a ouvert? N'est-ce pas l'administration militaire avec le concours de ses bureaux arabes? Si le Tell jouit du régime municipal, s'il a été possible d'y implanter des institutions civiles qui se rapprochent de plus en plus de celles de la métropole, à qui le doit-on? N'est-ce pas à ces pionniers intrépides, si méconnus, si décriés, qui ont déblayé pas à pas le terrain, l'abandonnant à d'autres mains à mesure qu'ils marchaient en avant, et ouvrant ainsi ses premières voies à la civilisation? Les voilà parvenus maintenant jusqu'aux confins du Sahara, et l'on trouve qu'ils vont trop lentement, et après tant de labeurs couronnés par un immense résultat, on les récompense en les calomniant! On s'écrie que leur tâche est finie et qu'ils doivent céder la place!

Mais ceux qui tiennent ce langage ignorent donc ce qui reste à faire? Ils ne savent donc pas ce que sont les tribus, à quelle distance considérable de l'état social régulier se trouvent encore les populations voisines du désert? S'ils voulaient bien reconnaître que l'existence nomade subsiste encore pour un grand nombre de tribus, s'ils n'oubliaient point que cette instabilité rend impossible l'assujettissement immédiat des indigènes à une administration normale, ils comprendraient que la transformation à opérer ne saurait être l'œuvre d'un jour et que ceux qui l'ont entreprise peuvent seuls la mener à bien.

C'est surtout dans l'application du sénatus-consulte du 22 avril 1863 que les bureaux arabes ont donné la mesure de leur utilité. On sait quel a été le but de ce grand acte, qui doit avoir une influence si considérable sur l'avenir de la colonie. Le sénatus-consulte a ordonné la délimitation des tribus et des douars et la constitution de la propriété individuelle dans les territoires dont la jouissance en commun appartenait, depuis des siècles, aux indigènes. A quels obstacles insurmontables ne se serait-on point heurté si, pour faciliter ces opérations délicates, on n'avait pas eu sous la main un personnel tout prêt, connaissant le pays et les habitants, capable de fournir les renseignements les plus minutieux pour le règlement des litiges inévitables soulevés par des prétentions réciproques?

Si la tâche des bureaux arabes était confiée à des fonctionnaires de l'ordre civil, croit-on qu'elle serait mieux remplie? Quiconque a vu de près les indigènes vivant sous la tente n'hésitera pas à répondre non, et cette opinion est commune à tous les hommes que le parti pris n'aveugle pas.

Il y a une autre considération qui a une grande importance et qu'il n'est pas permis de négliger : si au personnel extrèmement restreint des bureaux arabes on substituait des agents entre lesquels se partageraient nécessairement les attributions, il faudrait créer toute une armée d'employés, et quelles dépenses entraînerait l'organisation de tant de services spéciaux !

Mais ceux qui poursuivent de leurs attaques l'institution des bureaux arabes s'inquiètent peu des moyens pratiques de satisfaire leurs vœux impatients. Ils demandent la suppression de cette institution, uniquement parce qu'elle est inhérente au régime politique qui a leurs antipathies. Ils n'ont rien négligé pour la discréditer dans l'esprit public ; ils l'ont représentée comme l'ennemie des colons, et ils ont exploité habilement les griefs sans fondement qui prenaient leur source dans d'injustes prétentions. Ce sont là des manœuvres et rien de plus ; la vérité les déjouera, et toutes les accusations amassées contre les bureaux arabes ne parviendront ni à supprimer les services qu'ils ont rendus à la colonie, ni à faire passer pour des ennemis de la civilisation les hommes qui ont toujours été en Algérie ses plus intrépides champions.

On a souvent reproché à la France de n'avoir point le génie de la colonisation, et on a plus d'une fois essayé de faire ressortir son infériorité vis-à-vis des autres peuples, en donnant pour exemple les pratiques suivies par ces derniers dans leurs possessions d'outre-mer. Les parallèles établis entre des pays dont les conditions générales sont fort dissemblables ne sauraient avoir une grande valeur, et il est bien évident que tout gouvernement colonial doit être approprié à l'état même des populations. Toutefois, entre l'Inde et l'Algérie il y a un point de ressemblance très-marqué : dans l'une comme dans l'autre, il existe une masse d'habitants indigènes qu'il est impossible de traiter d'après le droit commun. Comment l'Angleterre a-t-elle compris son rôle vis-à-vis des Indiens? C'est ce qu'il ne saurait être inutile de rechercher.

De même qu'en Algérie, le territoire dans l'Inde est divisé en deux zones distinctes, comprenant : celle-ci, les districts réguliers; celle-là, les districts irréguliers. Dans les premiers figurent les espaces environnant les grandes villes, telles que Madras, Bombay, Calcutta. Là, une occupation déjà longue a permis à l'autorité anglaise de s'affermir complétement ; la sécurité publique est à l'abri de toute atteinte ; le mouvement industriel et commercial s'y est développé sur une vaste échelle et y a concentré, avec des intérèts considérables, une population très-nombreuse. Les lois de la métropole y sont en vigueur et la plus grande partie des fonctionnaires appartiennent à l'ordre civil.

Les districts irréguliers embrassent les provinces récemment conquises, où l'immigration n'a encore amené qu'un petit nombre d'Européens. La grande masse de la population se compose d'indigènes. Dans cette partie de la colonie, l'administration présente un caractère particulier. Elle se partage entre des fonctionnaires dont les neuf dixièmes sont fournis par l'armée et qui se recrutent dans un corps d'état-major spécial.

Les Indiens sont régis par un Code qui est appliqué dans l'Inde tout entière. Toutefois dans les districts irréguliers les fonctions de juge sont remplies par un officier, un capitaine, quelquefois par un lieutenant. Il a la faculté de se faire assister par un ou plusieurs notables, mais ceux-ci ne prennent aucune part au jugement, et l'officier le prononce seul, sans être tenu de se conformer à l'opinion de ses assesseurs.

Les officiers investis de fonctions administratives ont les pouvoirs les plus étendus. Ils sont chargés de la police, de la justice civile et criminelle, ils perçoivent les impôts, ils dirigent les relations politiques avec les tribus, ils font exécuter les travaux d'utilité publique; ils jouissent, en un mot, d'une autorité absolue et à peu près indépendante de tout contrôle. La rémunération attachée à leurs services est très-large; certains traitements s'élèvent jusqu'à 75 000 francs.

Eh bien! cette division de l'Inde en districts réguliers et irréguliers ne correspond-elle pas exactement à la division de l'Algérie en territoire civil et militaire, et n'est-elle pas justifiée par les mêmes nécessités dans l'une et l'autre colonie? Cette institution d'un corps d'officiers avec des attributions si importantes ne rappelle-t-elle point celle des bureaux arabes, avec cette différence énorme qu'en Algérie les bureaux arabes ne sont qu'un instrument et que leur action est loin de pouvoir être comparée à celle des officiers anglais, qui administrent en leur nom et sous leur propre responsabilité?

Une autre distinction essentielle à faire, c'est que les administrateurs militaires de l'Inde appartiennent à un corps spécial, tandis que les chefs de bureau arabe ne cessent point de faire partie de leur régiment et qu'ils peuvent y être renvoyés s'ils ne restent point constamment à la hauteur de leur mission. Qu'on les remplace par des fonctionnaires de l'ordre civil, et cette garantie disparaît. Il faudra en effet des motifs très-graves, et l'inaptitude ne suffira plus pour amener un retrait d'emploi; il y aura les droits acquis, et l'on ne brisera pas la carrière d'un agent pour les fautes légères qui provoquent et justifient aujourd'hui le rappel d'un officier.

Après avoir ainsi fait connaître le rôle des bureaux arabes dans l'administration du territoire militaire, devons-nous espérer qu'on leur épargnera les attaques violentes dont ils ont été l'objet tantôt dans les journaux, tantôt dans des brochures? Nos vœux iraient jusque-là si nous ne savions pas que cette guerre à outrance qui leur a été déclarée doit durer autant que l'institution elle-même. Ceux qui dirigent cette guerre obéissent à des engagements pris envers un parti dont l'hostilité ne faiblira pas. Ennemis acharnés d'un gouvernement qu'ils représentent comme le régime du sabre, ils s'en prennent aux bureaux arabes, précisément parce que les bureaux arabes sont un instrument indispensable à l'administration en territoire militaire, et que si l'on parvenait à soulever contre eux l'opinion au point de rendre leur suppression nécessaire, on se flatterait d'amener par cela même la chute du gouvernement qui les emploie, qui les apprécie et qui les défend. Cet acharnement est un hommage rendu à leur mérite et à leur utilité.

Mais si nous désespérons de ramener au sentiment de la justice des adversaires irréconciliables, nous aimons à croire que les esprits impartiaux ne s'associeront pas à leurs récriminations et que le jugement public ne se formera point uniquement sur des données fournies par la passion. Nous le souhaitons vivement, et ce n'est point montrer trop d'exigence que de demander l'impartialité pour des hommes dont la mission est si difficile et qui la remplissent avec tant d'intelligence, de zèle et de dévouement.

Les impôts indigènes.

La question des impôts indigènes nous a paru devoir faire suite à celle qui précède, parce qu'on prête généralement aux bureaux arabes, dans l'assiette et dans le recouvrement de l'impôt, un rôle qu'en réalité ils ne remplissent point. Nous allons donc exposer de quelle manière fonctionne le système actuellement en vigueur dans le territoire militaire; nous dirons ensuite comment on procède en territoire civil, et nous rechercherons s'il serait possible, comme on le demande avec insistance, de confier exclusivement aux agents du service des finances la perception des contributions arabes.

Prenons les deux impôts principaux, le *zekkat*, qui pèse sur le bétail, et l'*achour*, qui repose sur le produit des terrains cultivés.

Tous les ans, à une époque déterminée par l'autorité, il est procédé dans chaque tribu au recensement des troupeaux. Cette opération est faite par le caïd, qui a pour auxiliaires les cheiks placés sous ses ordres, les uns et les autres procédant avec l'assistance de la djemâa toute entière ou d'une partie de ses membres. Des listes nominatives sont dressées. Elles contiennent, en regard du nom de chaque propriétaire de bestiaux, l'indication du nombre de têtes qui ont été reconnues lui appartenir et qui devront être taxées. La taxe est déterminée par un tarif uniforme pour toute l'Algérie, et ce tarif est établi annuellement par un arrêté du gouverneur général, pris en conseil de gouvernement, sur les propositions des généraux commandant les provinces et l'avis des conseils de préfecture.

En ce qui concerne l'*achour*, on suit exactement la même marche. Au moment même où se fait le recensement du bétail, on relève les étendues ensemencées. Plus tard, un peu avant l'époque de la moisson, une seconde tournée a lieu. Il s'agit alors, en effet, de constater le résultat des ensemencements. Ici, la récolte s'annonce bonne; là, médiocre; ailleurs, nulle. Ces renseignements sont consignés sur des états statistiques qui doivent servir à déterminer la part due par chaque contribuable.

C'est ainsi que les choses se passent dans les provinces d'Alger et d'Oran. Là, le produit de l'impôt est en rapport avec la quantité et la valeur des produits du sol. Quand la récolte est nulle, il n'y a point d'impôt. Dans la province de Constantine, il en est autrement. L'impôt est une redevance

fixe par *djebda* (étendue de terre que peut cultiver annuellement une paire de bœufs), et cet impôt ne varie point avec
l'état plus ou moins satisfaisant de la récolte.

Quoi qu'il en soit de cette différence, dans la province de
Constantine comme dans les deux autres, c'est toujours aux
chefs indigènes qu'il appartient de réunir les éléments nécessaires pour l'assiette des contributions individuelles.

Lorsque les caïds et les cheiks ont terminé ces premières
opérations, ils remettent aux bureaux arabes les états statistiques indiquant pour le zekkat les têtes de bétail, pour
l'achour les terrains ou les récoltes à imposer. Les bureaux
arabes procèdent alors à un travail de vérification, et lorsque
les erreurs ou les omissions qui ont pu être commises ont
été réparées, les états nominatifs sont publiés. Chaque contribuable a ainsi le moyen de savoir la quotité qui lui a été
attribuée soit en bétail, soit en charrues cultivées, soit en
récoltes. S'il estime que les évaluations ont été exagérées, il
porte sa réclamation devant le commandant supérieur, qui
l'examine, l'accueille ou la rejette. En cas de rejet, l'intéressé
peut se pourvoir devant le conseil de préfecture.

Un délai est accordé pour la présentation des demandes
en modération ou en décharge. A l'expiration de ce délai, les
états statistiques vont se convertir en rôles. Les bureaux
arabes les transmettent, à cet effet, au service des contributions diverses, et ce service établit les rôles en inscrivant
en regard du nom de chaque contribuable le montant des
taxes à payer, lesquelles sont calculées d'après les tarifs ar-
rêtés par le gouverneur général.

Les rôles sont alors définitifs ; ils sont rendus exécutoires
dans chaque province par le général commandant. Un exem-
plaire est conservé par le service des contributions diverses,
un autre par le commandant supérieur, et ce dernier en fait
faire des extraits qui sont transmis par ses soins aux caïds
des tribus.

Dès que ces extraits leur sont parvenus, les caïds les par-
tagent entre les cheiks qui sont chargés avec eux d'opérer
le recouvrement. Cette tâche leur est d'autant plus facile

qu'ils ont procédé eux-mèmes au recensement, et qu'ils savent ainsi d'avance où ils trouveront chaque contribuable. L'impôt étant rentré, les caïds le versent entre les mains du receveur des contributions diverses, et ce fonctionnaire donne un récépissé de la somme perçue. Un dixième du total de l'impôt est partagé, à titre de rémunération, entre les chefs collecteurs.

Tel est le système pratiqué en territoire militaire. On a vu que, dans l'établissement des états statistiques et dans le recouvrement des taxes, ce sont les chefs indigènes qui jouent le principal rôle. Les bureaux arabes n'interviennent que pour exercer un contrôle sur la formation des états, et ce contrôle s'exerce aussi bien dans l'intérêt des individus que dans l'intérêt du trésor.

On a prétendu que la charge attribuée aux chefs indigènes d'effectuer le recensement et de percevoir l'impôt devient pour eux un moyen facile de favoriser les uns, d'écraser les autres, d'exiger pour eux-mêmes des versements en dehors de ceux dont ils doivent tenir compte au trésor. Cela supposerait, chez les Arabes qui seraient victimes de ces injustices et de ces malversations, soit l'ignorance de leurs droits, soit une grande insouciance de leurs intérêts. Or nul d'entre eux ne néglige de consulter les états statistiques ; de réclamer, s'il se croit lésé ; de signaler les abus, s'il s'en commet. Lorsqu'un chef se présente devant un contribuable pour lui demander le payement de l'impôt, ce contribuable sait parfaitement ce qu'il doit, et il ne payerait pas un centime de plus. Les chefs, de leur côté, n'ignorent pas qu'une dénonciation immédiate suivrait toute tentative d'extorsion, et ils ne s'exposeraient pas à compromettre leur situation pour un mince profit.

Examinons maintenant comment on procède en territoire civil pour l'assiette et pour la perception de l'impôt arabe.

Aux termes du décret du 18 août 1868, la préparation des rôles de l'impôt doit être faite par l'autorité préfectorale, de concert avec les agents de l'administration des finances. Ce système a été appliqué pour la première fois l'année dernière. Dès le début, de grosses difficultés se sont présentées. Le plus grand nombre des agents du service des contributions diverses, ne sachant ni écrire ni parler l'arabe, ne pouvaient point opérer par eux-mêmes au milieu de populations qu'ils ne comprenaient pas, et dont ils ne réussissaient pas à se faire comprendre. Les maires se trouvant dans les mêmes conditions ne pouvaient leur être d'aucun secours. Les cheiks avaient été supprimés, et par conséquent on aurait été mal venu à invoquer leur aide. Qui donc aurait pu se faire le guide des agents au milieu des tribus? Qui aurait pu les renseigner sur la situation des biens, sur l'état des personnes? Comment, livrés à eux-mêmes, seraient-ils parvenus à se reconnaître dans un pays qui leur était complétement étranger? Comment dans l'établissement des rôles auraient-ils échappé à des confusions qui eussent rendu leur travail indéchiffrable. On ne doit pas perdre de vue, en effet, que des listes nominatives sont extrèmement difficiles à établir lorsqu'elles s'appliquent à des populations qui n'ont point de noms patronymiques, en sorte que la même appellation est donnée à un nombre considérable d'individus.

Pour se tirer d'embarras, les agents du service des contributions diverses ont été obligés d'invoquer l'aide des adjoints indigènes, et ces derniers, au lieu de se borner, selon le vœu de la loi, au rôle d'assesseurs, ont été employés comme des agents d'exécution. Les avantages que l'on s'était promis en supprimant les cheiks sont donc devenus tout à fait illusoires, et cette situation durera aussi longtemps que le personnel du service des finances ne sera pas en mesure de pourvoir seul à l'établissement de l'impôt.

Mais les rôles une fois dressés, il fallait recouvrer les taxes, et l'opération a été arrêtée par des obstacles que nul effort n'a pu vaincre. C'est à peine si quelques recouvrements ont été réalisés. Ainsi, dans le département d'Oran, les contribuables, qui auraient dû verser au trésor, pour l'année 1868, une somme de 87 582 francs, n'avaient encore payé, au 1er janvier 1869, qu'une somme de 16 136 francs. Il restait à recouvrer 71 446 francs. Dans les départements d'Alger et de

Constantine, la rentrée de l'impôt ne s'est pas faite dans des conditions beaucoup meilleures, tandis qu'à la même époque, dans le territoire militaire, les contributions avaient été perçues à peu près intégralement.

Nous savons bien qu'il faut faire la part des difficultés qui entourent toujours l'inauguration d'un nouveau service, mais l'expérience acquise n'en a pas moins une grande autorité, et si l'on songe qu'elle a été faite en territoire civil, c'est-à-dire dans une région où l'administration civile dispose déjà de puissants moyens d'action, à quoi faut-il s'attendre dans les parties du pays où les premiers éléments d'organisation font encore défaut ?

Lorsqu'on demande l'assimilation, on ne tient jamais compte des différences considérables qui existent entre la France et l'Algérie.

En France, le service de la perception des impôts fonctionne avec une facilité et une précision remarquables. Le système en vigueur est complétement entré dans les mœurs. A un jour convenu, le percepteur se rend dans telle ou telle commune ; il s'installe commodément dans un local où il attend le contribuable. Celui-ci se présente de lui-même, acquitte les douzièmes échus et reçoit une quittance.

A-t-on affaire parfois à des débiteurs de mauvaise volonté, on a la certitude de les atteindre : ils ont un nom et des prénoms, un domicile, une maison, un mobilier, des champs, un cheptel. Il leur est impossible d'échapper aux poursuites.

Mais, en Algérie, s'imagine-t-on qu'il en soit de même ? Pense-t-on que l'Arabe payera bénévolement l'impôt et se rendra, sur un simple avis, auprès du percepteur pour acquitter ses contributions ? Il attendra qu'on vienne les lui demander, et, s'il se rencontre des récalcitrants contre lesquels il deviendra absolument nécessaire d'user de rigueur, que se passera-t-il ? Sans doute on aura recours aux moyens coercitifs autorisés par la loi. Mais les avertissements produiront peu d'effet, le porteur de contraintes aura toutes les peines du monde à rejoindre le débiteur, et s'il fallait en venir à la saisie, que saisirait-on ? La tente ? les troupeaux ?

Mais la tente sera enlevée, et les troupeaux auront disparu avant l'arrivée de l'agent des poursuites.

Nous trompons-nous? l'Arabe sera-t-il un contribuable docile, et l'office du percepteur se bornera-t-il le plus souvent à recevoir l'argent et à donner quittance? Supposons qu'il en soit ainsi, et voyons, dans cette hypothèse, à quelles nécessités l'on aurait à pourvoir.

D'abord, pour opérer le recensement des bestiaux et des terres, si ce travail devait être exécuté *exclusivement* par les agents du service des finances, il faudrait presque autant d'agents qu'il y a aujourd'hui de cheiks préposés au recensement. Prenons pour type un cercle militaire, celui d'Orléansville, par exemple. Sa superficie est de 110 000 hectares, renfermant vingt-trois tribus. Chaque tribu se divise en cinq, six ou huit fractions, et chacune de ces fractions a son cheik, à qui incombe le devoir de faire le recensement. Voilà donc, en prenant le chiffre le plus bas, cent quinze personnes à remplacer. Veut-on qu'il suffise de substituer simplement des contrôleurs aux chefs de tribus? A quel nombre les portera-t-on? Deux par cercle, ce ne serait pas trop. Chacun aura pour le moins un traitement de 5 000 francs, non compris les frais de tournée, qui rendront la dépense considérable. Négligeons-la; si l'on veut, accordons encore que les contrôleurs, ou d'autres fonctionnaires, parviendront à déterminer l'assiette de l'impôt, et demandons-nous comment aura lieu le recouvrement. Si la loi française est appliquée, tout receveur sera tenu de délivrer une quittance par cote personnelle. Or, dans le cercle d'Orléansville que nous avons pris pour type, il y avait, en 1868, 23 204 cotes. Si les contribuables payent par douzièmes, il y aura à délivrer 278 448 quittances. Trouvera-t-on un employé qui puisse suffire à une pareille besogne? En travaillant beaucoup, il fera 150 quittances par jour; au bout de l'année, il n'en aura pas préparé 50 000. Ce ne serait donc pas un, mais cinq ou six receveurs qu'il faudrait créer dans le seul cercle d'Orléansville, et il en serait de même pour les trois provinces.

Il faut se demander aussi où l'on installerait les agents de la perception dans les territoires militaires, où il n'existe encore aucun établissement public. Les logera-t-on sous la tente, eux et leur caisse, ou bien en fera-t-on des receveurs à cheval qui seront obligés d'aller de tribu en tribu pour percevoir l'impôt. Quelles distances à parcourir et que de précautions à prendre pour mettre en sûreté les sommes importantes dont les receveurs seront dépositaires! Une escorte leur sera indispensable, et il y aura ainsi toute une armée au service de l'administration des finances.

L'impossibilité de confier dès à présent aux agents des contributions diverses l'établissement des rôles et le recouvrement de l'impôt en territoire militaire n'est-elle pas complétement démontrée?

Nous ne prétendons pourtant pas que la situation actuelle ne comporte aucune modification ; tant s'en faut. Mais les premiers changements à souhaiter sont d'une autre nature que ceux que l'on réclame. C'est à la base même de l'impôt que l'on doit s'attaquer. Si l'on peut, aux taxes diverses existant aujourd'hui, substituer une contribution frappant le sol, ce sera un progrès considérable ; et lorsqu'il sera réalisé en territoire civil, le recouvrement des contributions pourra se faire par les mêmes procédés et par les mêmes agents qu'en France.

En territoire militaire, il est impossible encore de songer à établir l'impôt foncier, parce que la constitution de la propriété n'est pas achevée ; mais rien ne s'opposerait à ce que les taxes diverses auxquelles les Arabes sont soumis fussent remplacées par un impôt unique, qui aurait pour base la propriété immobilière. Cette modification aurait pour conséquence naturelle et immédiate la modification du système aujourd'hui en vigueur. Une large part pourrait être faite à l'administration financière dans les opérations relatives à l'assiette et au recouvrement de l'impôt, et l'on hâterait ainsi le moment où, selon le vœu général, qui est celui du gouvernement lui-même, cette administration restera seule chargée du service dans toute la colonie.

Organisation judiciaire.

Dans toute société civilisée, l'administration de la justice doit être constituée de telle sorte que son indépendance soit complète. Pour qu'elle inspire la confiance et le respect, il faut qu'on la sache libre. En Algérie, la justice française jouit d'une entière liberté ; elle ne relève point du gouvernement général, mais bien du ministre en France.

Son organisation est calquée sur celle de la métropole.

Il y a à Alger une Cour impériale, et dans les provinces neuf tribunaux de première instance..

Les villes d'Alger, d'Oran et de Constantine sont le siége d'un tribunal de commerce.

Le territoire n'est pas encore partagé en circonscriptions cantonales, mais on n'a pas attendu que cette division fût réalisée pour instituer des justices de paix. On en compte déjà quarante-cinq. Elles sont de deux sortes : les unes, dont le siége est placé dans le voisinage d'un tribunal de première instance, fonctionnent dans les mêmes conditions qu'en France ; les autres, situées en dehors du ressort, ou loin du chef-lieu d'arrondissement judiciaire, jouissent d'une compétence plus étendue. On a voulu rendre ainsi la distribution de la justice plus facile, en épargnant aux populations des déplacements onéreux pour des intérêts d'une médiocre importance. Les juges de paix à compétence étendue connaissent de toutes les actions personnelles et mobilières en dernier ressort, jusqu'à 500 francs, et en premier ressort jusqu'à 1000 francs. Ils exercent les fonctions des présidents des tribunaux de première instance comme juges de référé en toute matière. Ils connaissent de toutes les contraventions de la compétence des tribunaux de police correctionnelle et de tous les délits n'emportant pas une peine supérieure à six mois d'emprisonnement ou à 500 francs d'amende.

Il n'est pas un cercle militaire comprenant des groupes de

population de quelque densité qui ne soit le siége d'une justice de paix.

La juridiction des tribunaux n'est pas restreinte au territoire civil, elle s'étend au territoire militaire pour les Européens, les israélites indigènes et les musulmans naturalisés.
Il en est de même pour les justices de paix en matière civile
et de simple police.

L'action de la justice est donc partout assurée, elle
s'exerce dans des conditions normales; et si l'organisation
judiciaire n'est pas absolument semblable à celle de la France,
c'est qu'en Algérie les divisions administratives n'ont pas encore pu être définitivement arrêtées d'après le modèle métropolitain. Mais en attendant l'assimilation complète qui
sera l'œuvre du temps, il est impossible de ne point reconnaître que le système actuellement en vigueur répond aux
conditions de l'état social, qu'il protége efficacement les
propriétés et les personnes, qu'il garantit les droits de l'individu comme ceux de la société, qu'en un mot il ne laisse
personne hors la loi.

Quand un pays possède de si précieuses institutions, il ne
reste point de place pour l'arbitraire. Les différends qui sur-
viennent entre les citoyens se règlent devant des juges,
d'après les principes du droit commun, et les délits ou les
crimes sont réprimés par des magistrats qui appliquent à
tous les coupables la même loi. Les intérêts particuliers et
l'intérêt général jouissent de toute la protection à laquelle
ils peuvent légitimement prétendre.

On a dit, il est vrai, que le territoire militaire opposait à
la justice une barrière infranchissable ; on a affirmé que ce
territoire offrait un asile inviolable aux délinquants et aux
criminels, et que ceux-ci, pour échapper aux poursuites
du parquet, n'avaient qu'à pénétrer dans les circonscriptions
administrées par les généraux. Ces assertions sont tout à fait
contraires à la vérité. Les mandats décernés par les magistrats ont la même autorité en territoire militaire qu'en territoire civil ; les ordonnances des juges d'instruction s'exécutent partout sans obstacle, et les officiers de police judiciaire

ne rencontrent aucune entrave dans l'accomplissement des devoirs qui s'imposent à eux lorsqu'il s'agit de poursuivre un individu ou de rechercher les éléments nécessaires pour établir sa culpabilité.

Si des doutes avaient pu s'élever sur ce point, ils auraient été complétement dissipés par deux circulaires du gouverneur général, qui ont très-nettement rappelé les principes à observer. Il résulte de ces instructions que les autorités militaires doivent toujours faciliter l'œuvre de la justice ; que la recherche d'un malfaiteur ne saurait être arrêtée par une limite territoriale ; que tout agent de la force publique a le droit de suivre un fugitif et de s'assurer de sa personne, n'importe en quel lieu. L'exhibition d'un mandat n'est même point nécessaire dans les cas de flagrant délit.

Les officiers des bureaux arabes sont appelés eux-mêmes à remplir les fonctions d'officiers de police judiciaire, et l'éminent magistrat qui dirige l'action publique en Algérie a, dans plus d'une occasion, témoigné de l'efficacité de leur concours.

A côté de la justice française fonctionne la justice musulmane, qui a ses lois, ses règles et son organisation particulières, mais qui n'en est pas moins placée sous la surveillance du premier président de la cour impériale et du procureur général. Notre intention n'est pas d'exposer dans tous ses détails le mécanisme de cette institution ; nous nous bornerons à des renseignements généraux pouvant donner une idée suffisante de l'ensemble.

Au premier degré de la hiérarchie, on rencontre le cadi. Sa compétence en matière civile embrasse les mêmes objets que celle de notre juge de paix, mais elle est plus étendue. Les musulmans peuvent d'ailleurs se présenter, à leur choix et d'un commun accord, devant le cadi ou le juge de paix. Dans ce cas, le juge français a la même compétence que le juge musulman.

Au chef-lieu de chaque subdivision est instituée une commission sous le nom de *medjelès*. Son rôle est purement consultatif. Elle est appelée, sur la demande de l'une ou de

l'autre des parties, à exprimer son opinion sur la chose jugée. Si l'un des intéressés estime que le jugement rendu par le cadi est susceptible d'être réformé, il interjette appel, et l'affaire vient alors devant les tribunaux français. Les appels sont jugés, dans ce cas, par une chambre spéciale composée de trois magistrats français et de deux assesseurs musulmans qui ont voix consultative.

Enfin il existe à Alger un conseil de droit musulman composé de cinq membres, nommés par l'Empereur, sur la proposition du ministre de la justice. Ce conseil doit être consulté, si l'une des deux parties en cause le demande, lorsque la décision du procès dépend de l'interprétation d'une question de droit touchant à la loi religieuse ou à l'état civil des musulmans.

On peut voir par ces indications que la justice française et la justice musulmane ont reçu déjà une organisation régulière qui est la sauvegarde de tous les intérêts. Il reste peu de chose à faire pour que les institutions judiciaires de l'Algérie soient en tout point conformes à celles de la France, et le gouvernement général a le plus vif désir de voir se réaliser une assimilation complète. C'est lui qui a provoqué la création de justices de paix partout où le chiffre de la population française comportait la présence d'un juge, et il a donné ainsi une nouvelle preuve du sage esprit qui l'anime. Comment mieux répondre aux adversaires qui l'accusent de défendre avec une opiniâtreté jalouse l'intégrité de son pouvoir? Comment montrer avec plus d'évidence qu'il se fait lui-même l'initiateur du progrès et qu'il n'aspire qu'à s'effacer davantage en ménageant une place de plus en plus large aux institutions civiles ?

Conclusions.

Après cet exposé impartial du régime politique et administratif de l'Algérie, ne voit-on pas tout ce qu'il y a d'injuste et d'exagéré dans les dénonciations habituelles de l'opposition? S'il est vrai que les garanties de toute société dépendent moins de la forme extérieure du pouvoir que de la place qui est faite à la loi par les institutions, est-il possible de soutenir que ce régime a quelque chose de commun avec une dictature? La population européenne est-elle gouvernée militairement? Le droit commun ne protége-t-il pas tous les citoyens, la justice ne sauvegarde-t-elle pas les intérêts de l'individu comme ceux du corps social? Lorsque les actes du pouvoir sont soumis à des règles fixées par les lois, lorsque l'intervention des tribunaux est nécessaire pour l'application des sanctions pénales, il n'y a point de place pour l'arbitraire.

Est-ce à dire cependant que le système actuel n'est susceptible d'aucune modification? Assurément non. Tout en reconnaissant la légitimité des motifs qui ont inspiré le décret du 7 juillet 1864, il est impossible de ne point avouer que les nécessités qui s'imposaient alors n'existent peut-être plus au même degré aujourd'hui.

Il y a cinq ans (alors éclatait dans le Sud une insurrection qui, peut-être, n'a pas dit son dernier mot), on s'est préoccupé, avant tout, de créer une organisation très-forte afin de garantir la sécurité générale du pays. On a sagement tenu compte de la disproportion considérable entre l'élément indigène et l'élément européen. On a voulu assurer l'unité d'action du pouvoir, et la prédominance a été dévolue à l'autorité militaire, parce que c'est sur elle que reposait la plus lourde responsabilité. Elle a en effet pour devoir de tenir en respect les tribus, et comme l'attitude d'un peuple soumis par les armes dépend surtout de la manière dont il est traité par le vainqueur, la première place a été faite aux chefs mêmes de l'armée dans le gouvernement de la colonie. Nous ne croyons pas qu'il eût été politique d'organiser autrement le pays. Une expérience avait d'ailleurs été faite dans un sens contraire quelques années auparavant, et elle avait donné les plus déplorables résultats.

Quoi qu'il en soit, il est évident qu'au point de vue de la théorie le régime actuellement en vigueur ne saurait échapper à toute critique. Le partage des fonctions administratives entre les généraux et les préfets, et surtout la subordination de ces derniers, bien qu'elle soit plus nominale qu'effective, constituent très-certainement un système anormal qui produit sur l'esprit l'impression la plus défavorable. Si cette anomalie choquante se justifiait, au moment où elle a été consacrée, par les conditions particulières dans lesquelles se trouvait alors le pays, la situation ne s'est-elle pas considérablement modifiée pendant ces dernières années, et les progrès accomplis ne rendent-ils pas certaines modifications nécessaires? Voilà la question à examiner.

L'Algérie se présente sous deux aspects très-différents : la partie qui comprend le littoral, depuis les frontières du Maroc jusqu'à celles de la Tunisie, en en exceptant les pâtés montagneux occupés exclusivement par les races kabyles, cette partie est définitivement acquise à la civilisation européenne. C'est dans cette région, dont la profondeur n'est pas égale sur tous les points, que se sont concentrés les principaux efforts de la colonisation. On y rencontre un grand nombre d'établissements industriels et agricoles; le commerce y est très-actif et le mouvement des affaires, en multipliant les relations des indigènes avec les Européens, a amené un commencement de fusion entre les deux races. D'immenses travaux publics ont été exécutés et d'autres se poursuivent. Toute cette contrée est sillonnée de belles voies de communication; on construit en ce moment des réservoirs et des barrages qui féconderont de vastes espaces et développeront les éléments de richesse naturelle qu'ils renferment. Dès à présent, l'immigration a amené dans cette partie de l'Algérie une population assez considérable pour que son influence agisse vigoureusement dans le milieu où elle s'exerce. La sécurité y est complète, et c'est précisément parce qu'ils se sentent à l'abri de tout danger que les habitants européens réclament avec une insistance toujours croissante l'extension de leurs droits politiques et l'inauguration d'un régime entièrement civil.

Une importante innovation a déjà été réalisée par la constitution des administrations municipales. On demande maintenant que les conseils généraux soient nommés par l'élection, et ce vœu ne tardera pas à être exaucé. Pourquoi n'a-t-il pas encore reçu satisfaction ? La raison en est bien simple. De toutes les attributions d'un conseil général, la plus essentielle consiste dans le vote du budget. Cela suppose nécessairement l'existence de ressources propres à une circonscription, provenant de contributions régulièrement établies et auxquelles la population participerait d'une manière égale. Or, en Algérie, en matière d'impôts, tout, à peu près, est à créer. La propriété européenne ne supporte pas encore de contribution foncière. On ne pourra dresser des rôles qu'après l'achèvement du cadastre, qui doit déterminer la matière imposable. Provisoirement, et jusqu'ici, les budgets provinciaux ont été alimentés par des subventions provenant de l'État et qui sont prélevées, en majeure partie, sur le produit des impôts payés par les indigènes.

Était-on bien fondé à demander pour l'Algérie la concession d'un droit, tant que l'on ne supportait pas la charge d'où dérive ce droit même ? L'établissement de l'impôt, voilà incontestablement quelle était la première mesure à réaliser, et il était nécessaire qu'elle précédât la nomination des conseils généraux par l'élection. Faut-il attendre pourtant que les opérations du cadastre soient terminées ? Ce serait ajourner pour longtemps l'exécution d'un engagement pris par le gouvernement. De là, la nécessité de recourir à une mesure transitoire, c'est-à-dire à un mode d'impôt qui tiendra lieu de la taxe foncière, jusqu'à ce qu'il soit devenu possible d'en faire l'application.

Mais si la nomination des conseils généraux par les électeurs est un vœu très-légitime, en est-il de même de celui qui tend à obtenir une représentation de la colonie au Corps législatif ? C'est au nom des résidents français qu'on le formule ; on néglige la population indigène, et l'on ne songe point sans doute à faire concourir les étrangers à l'élection. Or cette revendication a rencontré une objection constitutionnelle qu'il suffisait d'invoquer pour montrer que le droit dont on réclame l'usage n'est nullement un droit acquis.

En France, la représentation au Corps législatif a pour base la population électorale. Chaque circonscription doit contenir au moins 35 000 électeurs. Quel est l'effectif du corps électoral en Algérie? Les listes dressées en 1867 pour la nomination des conseillers municipaux fournissent des chiffres officiels. Relevons-les pour chaque province.

La province d'Alger renferme 13 398 électeurs français, celle d'Oran, 8 217; celle de Constantine, 7 463; en tout, 29 078.

Ainsi, aucune des trois provinces ne possède le nombre d'électeurs fixé par la loi pour la nomination d'un député; et bien plus, l'effectif réuni des trois provinces ne donne même pas ce minimum de 35 000. L'Algérie ne pourrait donc être appelée à élire des députés qu'en vertu d'une disposition législative spéciale qui lui créerait un privilége exceptionnel. Mais si le droit commun a toutes les sympathies quand il doit conférer certains avantages, il cesse d'être aussi goûté quand il contrarie des aspirations impatientes.

Le droit d'envoyer des mandataires au Parlement n'est point accordé aux colonies anglaises, que l'on cite souvent comme modèles. Il ne continuera pas moins d'être ardemment revendiqué en Algérie; il y a des ambitions qui attendent. Cette raison-là, on ne la donne pas; on invoque d'autres motifs beaucoup plus élevés, mais qui ne supportent pas la discussion. On dit que des députés algériens seraient seuls capables de traduire les vœux du pays et de montrer la situation sous son jour véritable. C'est faire peu d'honneur aux députés de la métropole qui ont traité les questions algériennes devant le Corps législatif. C'est surtout vouloir donner à entendre que de précieuses vérités ont été laissées dans l'ombre, qu'il reste beaucoup à dire encore, et que les immunités de la tribune n'ont pas permis de soulever tous les voiles. Il suffit d'avoir suivi les débats qui ont eu lieu chaque année devant la Chambre, à l'occasion du budget, pour apprécier à sa juste valeur un argument de cette nature. N'a-t-on pas articulé tous les griefs imaginables? n'a-t-on pas épuisé toutes les critiques? A-t-on épargné le gouvernement

général, et tous ses actes n'ont-ils pas été passés au crible
de la discussion? Non, ce n'est pas la lumière qui a fait défaut, et, lorsqu'on demande pour l'Algérie le droit d'élire des
députés, on n'est pas fondé à prétendre que jusqu'à présent
le contrôle n'a pas été complet.

L'éligibilité des conseils généraux n'est pas, à nos yeux, le
seul progrès auquel on doive se borner. Si, par suite de la
réorganisation de l'impôt, l'Algérie devait tirer d'elle-même
ses propres ressources, il serait juste d'appeler le pays à par-
ticiper, par des mandataires de son choix, à la discussion du
budget colonial. Ces mandataires pourraient être pris dans
le sein des conseils généraux, sortis de l'élection, et désignés
par leurs collègues ; leur adjonction au conseil supérieur
fonctionnant aujourd'hui constituerait ce corps délibérant en
une sorte de parlement algérien dont les délibérations em-
brasseraient la masse de questions qui se résolvent par des
allocations budgétaires. Une réforme de cette nature serait
certainement accueillie avec faveur par l'opinion publique.

Voudrait-on aller plus loin encore ? Croit-on que cette partie
de l'Algérie, où la civilisation a pris définitivement racine, soit
en état d'être plus complétement assimilée à la métropole? Con-
vient-il, en un mot, de la doter d'un régime purement civil et
de rendre les préfets tout à fait indépendants des commandants de province? Il n'y a qu'un pas à faire pour en arriver
là; mais il faudra, d'abord, délimiter les circonscriptions dé-
partementales, en former un tout compacte, englober autant
que possible dans les départements les parties du territoire
qui sont encore comprises dans la zone militaire. La nécessité
de cette division se comprend aisément si l'on constate, avec
l'aide d'une carte, l'état actuel des choses. On voit, en effet,
que le territoire civil ne s'est pas étendu d'une manière uniforme du nord au sud, ou de l'est à l'ouest; il se compose,
sur beaucoup de points, d'ilots séparés quelquefois entre eux
par de grands espaces, d'où il résulte que le domaine de l'administration civile et celui de l'administration militaire proprement dite se trouvent enchevêtrés l'un dans l'autre. C'est
ce que l'on a appelé ironiquement *une polynésie*. Assu-

rément, au premier aspect, ce mélange paraît bizarre ; mais il trouve son explication et sa justification dans les circonstances qui l'ont amené.

Ainsi que nous l'avons dit au chapitre de l'organisation municipale, on s'est hâté de constituer en communes de plein exercice et de rattacher au territoire civil tous les centres de quelque importance formés par des Européens. La colonisation n'a pas suivi une marche régulière ; elle s'est avancée à la suite de l'armée en rayonnant autour de nos postes militaires, dont la présence la protégeait. Ainsi se sont établis dans l'intérieur, de distance en distance, ces îlots environnés de tous côtés par les populations arabes et que l'on a réunis au territoire civil dès qu'il a été possible d'y trouver les premiers éléments d'une administration municipale.

Il est hors de doute que ces communes continueront d'appartenir à la circonscription départementale et qu'elles resteront administrées comme elles le sont aujourd'hui. Mais il s'agira de réaliser l'unité territoriale, c'est-à-dire de constituer chaque département en un tout homogène, et par conséquent on devra faire disparaître les solutions de continuité existant en ce moment. Nous ne voyons qu'un moyen d'y parvenir : c'est d'englober dans le département les territoires enchevêtrés qui dépendent encore des commandements, parce qu'ils ne sont occupés que par des indigènes. L'unité territoriale étant faite, toutes les difficultés ne seront pas résolues ; on se trouvera alors en présence d'une question bien autrement épineuse, celle de savoir à quel mode d'administration seront soumises les populations arabes qui passeront sous l'autorité préfectorale. On ne saurait se flatter évidemment de leur donner immédiatement le régime municipal, que repousse encore l'état de leurs mœurs et dont la brusque introduction, en bouleversant toutes les habitudes et tous les usages, soulèverait des plaintes très-vives et très-nombreuses. Quelle action, d'ailleurs, des fonctionnaires jusqu'alors inconnus pourraient-ils avoir dans un tel milieu où eux-mêmes ne connaîtraient ni le pays ni ses habitants ? Comment songer, d'un autre côté, à réorganiser dès le début le système d'impôts et à appliquer d'un seul coup toutes les institutions fonctionnant dans les communes de plein exercice.

Pour arriver à une transformation radicale, la prudence la plus vulgaire conseillera de procéder graduellement, et l'on sera obligé, par conséquent, de recourir à un régime spécial et transitoire. Quel sera ce régime, nous n'avons pas à le rechercher ; mais on comprend que les fonctionnaires principaux devront nécessairement être investis de grands pouvoirs, sous peine de n'inspirer aucun respect à leurs administrés. De là, la nécessité d'avoir dans chaque département deux modes d'administration distincts, et de faire le sacrifice de l'unité d'action jusqu'à ce que le temps ait amené des progrès qui la rendent possible.

Quoi qu'il en soit, nous admettons que, dans les départements agrandis, le dévouement, l'intelligence, le tact fassent triompher les administrateurs des difficultés de cette double tâche. Les trois départements algériens constitueraient ainsi une zone civile pure, où seraient mises successivement à l'épreuve toutes les innovations pratiques tendant à l'assimilation, et cette zone deviendrait le type qui serait progressivement appliqué à tout le reste de la colonie.

Voilà donc une partie de l'Algérie qui peut devenir rigoureusement l'héritage immédiat de l'administration civile. Mais il restera encore une grande région qu'il serait absolument impossible de remettre entre ses mains. C'est celle qu'habitent à peu près exclusivement les populations indigènes et qui est restée en dehors et loin du cercle où s'est renfermée notre activité agricole, industrielle et commerciale. Là sont encore très-vivaces les plus anciennes traditions de l'islamisme ; là, le sentiment religieux est soigneusement entretenu dans les âmes. On y a affaire à des peuplades turbulentes et guerrières, dont la soumission est plutôt due à une juste idée de notre force qu'à un acquiescement réfléchi à la civilisation dont nous sommes les initiateurs. Dans ce milieu, l'armée est seule capable de se faire écouter, respecter et obéir. L'épée est là le **vrai** signe de commandement, et le jour où ce signe disparaîtrait, qui pourrait répondre que la guerre sainte ne se rallumerait pas?

S'il était possible de croire que les tribus que n'a point effleurées le contact de notre civilisation ne résisteront pas à une transformation radicale et soudaine, il faudrait se demander, dans cette hypothèse, à quel mode d'administration il conviendrait de les soumettre. Supposons qu'il s'agisse d'englober dans le territoire civil, comme le proposait un amendement de M. le comte Lehon, tout territoire de tribu auquel ont été appliquées les deux premières opérations prescrites par le sénatus-consulte de 1863. Au moment où l'honorable député formulait ce vœu, les travaux des commissions chargées de l'exécution du sénatus-consulte avaient porté sur 255 tribus, embrassant 439 douars, présentant une superficie de près de 4 millions d'hectares et comprenant une population de 700 879 habitants.

Voudrait-on implanter là l'organisation administrative qui fonctionne dans la zone civile, alors il faudrait constituer les tribus à l'état de commune, soit en rattachant leurs douars à des communes de plein exercice, soit en faisant de chacun de ces douars une municipalité distincte. Voyons donc si l'une ou l'autre de ces mesures pourrait recevoir son application.

Si l'on prend plusieurs douars pour les réunir à des communes où les institutions municipales sont déjà complétement organisées, on donnera à la circonscription une étendue telle que, même avec le concours d'adjoints indigènes, il deviendra impossible de l'administrer. Espère-t-on que les maires actuels accepteront facilement le surcroît de soucis et de responsabilité qui résulterait pour eux de cette adjonction? Croit-on que leur action restera assez forte en s'étendant à des distances si considérables? Se flatte-t-on de rencontrer chez un magistrat municipal assez d'influence et d'autorité pour qu'il puisse remplir convenablement tous les devoirs qui lui incomberaient dans une circonscription tellement vaste que ses relations avec un grand nombre de ses administrés seront nécessairement très-peu fréquentes, sinon absolument impossibles?

Déjà maintenant, dans les communes de plein exercice, la tàche des maires est fort difficile, et souvent ils se plaignent des limites imposées par la loi à leur pouvoir et des résistances qu'ils rencontrent au sein des populations, peu habituées encore à notre régime administratif. Que serait-ce donc si on agrandissait le territoire de leur commune en y faisant entrer un ou plusieurs douars avec des habitants dont le régime administratif se trouverait brusquement changé, et qui, n'ayant pas été préparés à cette transformation, n'apprécieraient aucun des avantages de leur situation nouvelle et n'en sentiraient que les inconvénients ? Que de charges à leur imposer tout à coup pour satisfaire aux premiers besoins : écoles à édifier, chemins à ouvrir, sans compter la création d'un personnel indispensable ! En résumé, une augmentation notable de l'impôt pour des dépenses dont la grande masse des contribuables ne comprendrait point l'utilité.

Au lieu d'agrandir démesurément les communes existant aujourd'hui, vaudrait-il mieux faire une commune de chaque douar ?

Il faudrait, avant tout, rencontrer parmi les habitants un certain nombre de personnes capables de remplir les fonctions municipales. En admettant même que le mécanisme très-compliqué d'une administration régulièrement établie ne soit pas absolument nécessaire dès le début, on sera toujours obligé de pourvoir aux services les plus indispensables ; c'est ainsi qu'il y aura à tenir des registres de l'état civil, à organiser une comptabilité, à dresser des budgets, à composer les listes électorales, etc., etc. Pour satisfaire à ces obligations, on devra chercher des hommes sachant pour le moins lire et écrire le français, et Dieu sait si on les trouvera ! Mais si un personnel suffisamment lettré ne faisait pas défaut, présenterait-il les aptitudes qu'exige l'exercice des fonctions municipales ? Est-ce qu'une étude préalable de nos règlements et de nos pratiques ne devrait pas donner à ce personnel nouveau un commencement d'éducation administrative ? Cela ne se fait pas en un jour.

A une époque qui n'est pas très-éloignée de nous, le terri-

toire civil avait reçu tout d'un coup une notable extension.
On y avait fait entrer des tribus entières, et l'on a essayé
d'introduire parmi elles le régime municipal. A-t-on déjà ou-
blié les résultats de cette épreuve? Il n'a pas fallu longtemps
pour reconnaître que la mesure avait été prématurée. Pour
en faciliter l'application, on avait organisé des bureaux arabes
civils. Eh bien, cette institution, calquée imparfaitement sur
celle des bureaux arabes militaires, n'a point répondu à ce
qu'on attendait d'elle. L'impôt n'a pu être ni assis ni perçu. Il a
fallu réintégrer les chefs indigènes dans les charges dont ils
avaient été dépossédés. Cette concession, qui était déjà un
retour vers le passé, fut bientôt suivie d'autres. La responsabilité des tribus avait été supprimée. Les indigènes n'étant
plus intéressés à désigner celui d'entre eux qui s'était rendu
coupable d'un crime, les attentats contre les propriétés et
les personnes demeuraient impunis et la sécurité publique
avait disparu. Il fallut rétablir le principe de la responsabilité
collective, moins d'un an après sa suppression. Les populations ne comprenaient point les bienfaits qu'on avait voulu
leur assurer; elles ne pouvaient s'habituer à leur situation
nouvelle, et, en présence des plaintes très-vives qui s'éle-
vaient de toutes parts, on fut bien obligé de s'avouer que
l'on avait marché trop vite. Aussi, en 1864, le territoire civil fut-il ramené à ses limites rationnelles. On ne laissa dans
les communes de plein exercice que les tribus qui pouvaient être réellement et convenablement administrées.

Il serait singulièrement imprudent de ne point tenir
compte, dans une juste mesure, d'une expérience si décisive.
De grands progrès se sont accomplis depuis cette époque, le
champ de la civilisation s'est agrandi, et, grâce à de persévé-
rants efforts, ce qui s'était fait avec trop de hâte il y a quelques
années peut être tenté aujourd'hui dans de bien meilleures
conditions. On doit en conclure qu'au lieu d'imposer vio-
lemment aux populations indigènes un régime nouveau, il
faut les y préparer et les y gagner. La création des communes mixtes et subdivisionnaires a précisément pour but
de ménager cette transition. On n'arrive point à transformer

du jour au lendemain un état social qui a résisté pendant des siècles à l'action du temps ; quand on est en face d'obstacles provenant de la nature même des choses, il vaut mieux s'attacher à les renverser un à un, plutôt que de les franchir d'un seul bond pour les retrouver ensuite derrière soi. Les véritables progrès, les progrès définitifs sont toujours ceux que le temps fait éclore, et non point ceux que des concessions trop promptes accordent à l'impatience des partis.

C'est à la commission qui a été chargée par l'Empereur d'élaborer le projet de constitution de l'Algérie qu'il appartient d'indiquer les modifications essentielles à apporter au régime politique et administratif actuel. Pour faire une part équitable aux revendications légitimes qui s'inspirent véritablement de l'intérêt général, il faut connaître à fond le pays. Les membres de la commission ont été choisis parmi des hommes qui ont consacré de longues années à l'étude des questions économiques et dont le mérite et la compétence se sont révélés soit par des écrits remarquables, soit par d'éclatants services. Ils savent tout ce qu'a fait la passion politique pour irriter le débat qu'il s'agit de vider. La raison, la justice, la bonne foi éclaireront leurs décisions. Juges impartiaux, ils découvriront sans peine les causes réelles de cette hostilité implacable à laquelle le gouvernement est en butte. Ils reporteront leurs souvenirs au point de départ, mesureront le chemin parcouru, reconnaîtront la valeur des résultats acquis, et ils verront ce qu'il y a de fondé dans ces accusations d'impuissance et d'incapacité sans cesse reproduites dans les brochures et dans les journaux.

Il y a aujourd'hui trente-neuf ans que la France a expulsé du nord de l'Afrique les Turcs qui en avaient pris possession. Mais il n'a pas suffi d'une victoire pour nous rendre maîtres du pays. La prise d'Alger ne devait être que le premier acte d'un grand drame militaire dont les péripéties allaient se dérouler pendant vingt-sept ans et qui n'a eu son dénouement qu'en 1857, après la soumission définitive des tribus de la grande Kabylie. C'est à S. Exc. le maréchal Randon qu'est échu l'honneur de terminer cette lutte acharnée. Une magnifique campagne l'a associé à la gloire de tant d'illustres capitaines, parmi lesquels il ne faut jamais omettre de citer le maréchal Bugeaud, dont le nom s'est immortalisé en Afrique par les œuvres de la guerre et par les travaux de la colonisation. La pacification complète ne date donc que de douze années. Mais pendant que l'armée poursuivait la conquête matérielle, elle entreprenait la conquête morale. Si une partie de l'Algérie a été amenée à ce degré de transformation économique et politique qui permet d'y développer les institutions civiles, à qui le doit-on si ce n'est à l'armée ? Et pourtant, quand on lui enjoint de céder la place, là où elle a mené sa tâche à bonne fin, au lieu des témoignages de reconnaissance dus à ses services, elle ne recueille que l'ingratitude. L'histoire, toujours plus juste que les contemporains, la vengera des outrages qu'on lui prodigue.

Sans se laisser décourager par les injustices de l'heure présente, elle continuera vaillamment la tâche laborieuse qui lui reste encore assignée en Afrique. En remontant dans le passé, il est facile de voir que l'œuvre accomplie par la France sur ce continent n'est que la continuation d'un fait immense, le refoulement de l'islamisme par le christianisme, autrefois menacé et maintenant vainqueur. L'islamisme est là devant nous, autour de nous, avec son organisation encore très-puissante, avec son fanatisme rebelle, avec son armée toujours prête et toujours menaçante. L'Algérie n'est qu'un point dans le vaste espace occupé par les sectes mahométanes. Nous n'avons pas cessé et nous ne cesserons pas de sitôt d'être à leurs yeux l'ennemi que la religion ordonne de combattre. La guerre contre le chrétien est toujours la guerre sainte, et la mort sanctifie ceux qui tombent. Dans cette lutte persistante de deux civilisations, l'Algérie est comme un poste avancé qui doit être solidement protégé.

C'est à cette hauteur qu'il faut s'élever pour voir la question telle qu'elle est ; il faut se dégager des passions qui l'obscurcissent pour bien comprendre comment doivent être répartis les rôles entre les forces diverses appelées à soutenir une cause commune. Au milieu des Arabes, la puissance militaire est la seule dont l'action puisse être efficace. Cela est incontestable, et tout esprit sincère le reconnaît. A l'armée donc il appartient non pas seulement de maintenir la sécurité dans le pays, mais encore de gagner les indigènes à la civilisation européenne par les bienfaits qu'elle apporte avec elle. Telle a toujours été la double mission de l'armée, telle est celle qu'elle doit continuer encore avec cette intelligence et ce dévouement qui lui ont fait bien mériter de la patrie.

Paris. — Typographie HENNUYER ET FILS, rue du Boulevard, 7